JN013562

バク転ができるようになるメソッド

40代からでも遅くない！

「バク転パーソナル教室」公式ブック

谷 俊太朗 著

「バク転?」と驚かれた方も多いと思います。

　後ろに向かってジャンプして、床に手を着き、体をクルッと回転させる、体操競技の技のことです。正式名称は「後方倒立回転跳び」。アイドルやアスリートが、ここぞという場面でカッコよく決める姿を見たことがある方も多いと思います。「フツーの人には絶対無理!」と思われがちですが、実は体の使い方を覚えれば、運動に自信のない方でもすぐにできるようになります。

　そう断言できるのは、僕が"バク転日本一"だからです。小学3年生のころから新体操を習い、高校と大学では合わせて計9回の全国大会で優勝を経験。そして、母校のコーチに就任した際にも、1年目でチームを全国優勝に導きました。経営者となった今は「バク転パーソナル教室」というバク転に特化した体操教室を運営し、生徒数・店舗数を日本一に押し上げることができました。選手として学び、多くの方に指導して得られたデータがある僕だからこそ言えることです。

　そんな教室にはある特徴があります。それは、大人の生徒さんが多いということです。20代から60代まで、幅広い世代の方に通っていただいています。目的はさまざまですが、みなさん懸命に練習に取り組まれて、バク転ができたときには無邪気に喜び、自信に満ちあふれた表情に変わります。そんな姿を見ていると、バク転には人に幸せを与えてくれる力があると感じるようになりました。

　バク転を多くの方に広めたい!　そんな思いで1冊の本にまとめることにしました。若い方だけでなく、人生の折り返し点ともいわれる40代以上の方にもぜひチャレンジしてほしいと思っています。40代からは体力の衰えを感じたり、若い方たちの勢いに焦りを感じたりして、自信や気力が落ちてしまいがちな時期。だからこそ、バク転を通して気持ちを高めてもらえるといいなと思います。

「バク転パーソナル教室」代表
谷 俊太朗

「バク転パーソナル教室」は どんなところ?

POINT 1

個人レッスンなので 大人でも通いやすい

マンツーマン、もしくはグループレッスンを行っています。生徒さんのレベルに応じたレッスンができるので、上達までのスピードが速いです。また、教室には講師と生徒さん以外いないので、他人の視線を気にせず、集中してできるのもいいところです。

POINT 2

講師は 日本トップクラスばかり

講師は体操で輝かしい実績を残してきた面々ぞろい。インターハイや全日本新体操選手権大会で日本一になった人をはじめ、有名テーマパークのパフォーマーとして活躍した人、人気アーティストのバックダンサーを務めた人など、一流の講師がそろっています。

POINT 3

全国に教室が 続々とオープン

「バク転パーソナル教室」は2020年に愛知県で誕生しました。以来、北は北海道、西は大阪まで広がり、2024年3月時点で25店舗に。生徒数は全国に約3000人、講師も約80名に増えました。2024年末には50店舗まで拡大する予定です。

モテる！

バク転の動きはダイナミックで美しい。簡単には真似ができないイメージもあり、羨望のまなざしを向けられやすいです。思いを寄せる人の前で披露すれば、気を引くきっかけになるかもしれません。

るようになると
ことがある！

自分に
自信がつく

なんか
最近いきいき
してる…

「困難なことを乗り越えられた」という成功体験は大きな自信につながります。バク転は後ろ向きに跳んで回転するという、これまでに体験したことがない動きをします。簡単には真似ができないからこそ、できたときの達成感が自信として魅力に変わります。

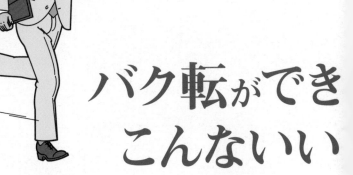

バク転ができこんないい

はやっ！

運動不足解消に

バク転の練習は柔軟性を高めたり、自分の体を支える力をつけることにもつながります。運動不足の解消にはもちろん、ケガや転倒の予防にもなるので、体力の低下で悩む中高年の方にもぜひチャレンジしてほしいです。

MERIT 04

特技にできる

仕事で取引先の方に名前を覚えてもらいたいとき、転職活動で自分をアピールしたいとき、バク転は強烈な印象を残すことができます。体力や度胸を表現することにつながるため、相手に好印象を与えられるはず！

株式会社 麦天商事
漢山 転夫
特技：バク転

うになった人の声

「子どものころに感じた
ワクワクする気持ちを味わえます」

水谷吉行さん 60歳

小学生のころは体操、中学生になると陸上、高校では自転車と、学生時代はいろいろな運動に取り組んできました。体力には自信があったので、挑戦を決めました。今は毎週のように習っています。バク転の練習を始めてから3kgやせました。

「子どもに『バク転ができるよ』って
自慢したくて始めました」

工藤静香さん 48歳

ふだんは地元の健康体操教室で講師として子どもたちに体操を教えています。子どもに「バク転できる？」と聞かれたことをきっかけに、一念発起。上半身と下半身のつなぎが難しかったですが、半年くらいかけてできるようになりました！

バク転ができるよ

「カッコよくアクロバットを決めたい！
　その夢が1回の練習で
　達成できました」 はるかさん 28歳

恐怖心はあったものの、新体操やジャズダンスで培った柔軟性や筋力のおかげで、1日で習得できました。「人前でカッコよくアクロバットができるようになりたい！」という夢がすぐにかなってうれしいです。

「バク転ができたとき
　まわりの人たちに驚かれました」

小酒井得三さん 63歳

家の近くに教室があり、運動不足解消のために習いはじめました。いちばん苦労したのはジャンプのタイミング。でも、毎月4回、1年以上通いつづけたことで、キレイとは言えないですが、形になってきました。私以上にまわりが驚いています。

CONTENTS

CHAPTER 03 バク転成功へのラストステップ

バク転の素朴な疑問

本書の使い方

練習方法の動画を
このQRコードから
観ることができます

難易度を参考に
自分に合った練習から
始めるのもOK

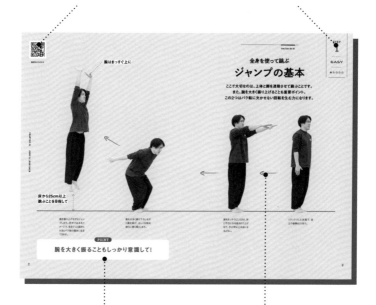

大切なポイントを確認

動き方をチェック

← 体の動き

← 動作の流れ

※バク転はケガの危険性を伴います。練習中、トレーニング中、バク転を行う際、慣れるまでは必ず補助者に付き添ってもらってください。また、本書は極力安全な練習方法、実践方法を紹介しておりますが、実践上ケガをしたり、疾病の原因になった場合、著者および主婦と生活社は一切の責任を負いかねますのでご了承ください。ご自身の責任で練習ならびに実践してください。

バク転を知る①
一連の動きを徹底解説

まずはバク転の動きをご覧ください。コマ送りで見ると
いかに体が反り返っているかが分かると思います。
腕の振りや顔の向きなどの細部もよく見てみましょう。

4	3	2	1
腕を 振り上げながら 腰を上げる	腕を下げて 空気椅子の ような姿勢に	腕を上げる	スタート ポジション

腕を大きく速く振り上げます。その勢いに合わせて上体を後ろに倒しながら、腰を一気に上げます。

腕を背中側まで大きく、速く振り下ろしながら、腰を曲げて腰を斜め後ろに落とします。このとき体重は後ろ方向にかけます。

床と平行になる位置まで、腕を上げます。手の甲は上向きに。体はリラックスさせた状態でOK。

後ろに何もないことを確認して、スタート位置に立ちます。

動画はこちらから

● 上ではなく後ろへジャンプ
● 体をしっかり反る！

8	7	6	5
フィニッシュ	脚を返す	床に手を着ける	ジャンプ！体を反る

スタート地点
からの距離
約2m

床からの高さ約1m

回転の勢いに身を任せるようにして、スタート時の姿勢に戻ります。

腰を軸に脚をさらに返しながら、床を手で押し、上体を起こします。

床に手を着きます。回転の勢いを生かして、脚を返し、倒立の姿勢に。

床を踏み切ってジャンプ。体をしっかり反り、目線は床へ。肘が曲がらないように注意してください。

ポイントはいくつかありますが、なかでも重要なことが2点あります。1点は後ろへジャンプすること。初めての方に跳んでもらうと、多くの方が無意識に上へジャンプしてしまいます。これでは回転に勢いが生まれにくくなります。もう1点が体を反ること。反りが足りないと正しく手を着けません。特にこの2点を意識して、練習を行いましょう。

バク転を知る②
バク転中の視界

バク転が難しいと思われる一番の理由は後ろに跳ぶため。
見えていない方向に跳ぶのは勇気がいりますよね。
そこで、実際にはどんなふうに見えているかをご紹介します。

ジャンプ前

ジャンプ前は前方を見ています。この時点
では視界ははっきりとしています。

ジャンプ中

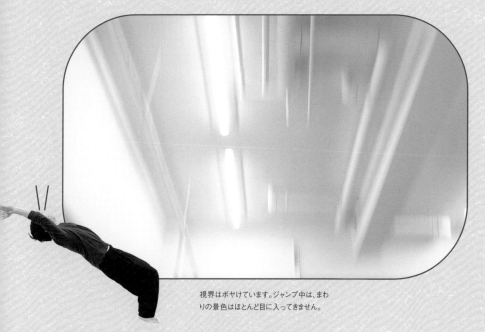

視界はボヤけています。ジャンプ中は、まわりの景色はほとんど目に入ってきません。

床に手が着くとき

焦点がはっきりするのが床に手が着くとき。ジャンプ前からここまでは一瞬です。

バク転を知る③

道具と服装

**バク転の練習を安全に行うために必要な道具をご紹介します。
どれもネットショップで手に入りますが
身近にあるもので代用することもできます。**

道具

練習のマストアイテム！

マット

ケガを避けるために欠かせない基本アイテムです。写真のものはプロ仕様ですが、寝具用のマットレスでも充分です。ほどよい固さがあり、厚さ10㎝以上のものが理想。または、エアーマットもおすすめです。空気で膨らませるので、転んでも痛くなく、トランポリンのように弾むため、ジャンプの補助としても役立ちます。

フォームチェックに

スマートフォンと三脚

バク転は自分で想像する姿と実際の姿とは違うことが多いです。それらの差がなくなるにつれ、バク転の成功率が高くなります。そこで、動きを見返すために必要なのが動画撮影。用意するのはスマートフォンとスマホ用の三脚でOK。跳び出す瞬間の姿勢、手や顔の動きなど、細かい部分をチェックするのに活用しましょう。

ジャンプのイメトレに大活躍！
エアーロール

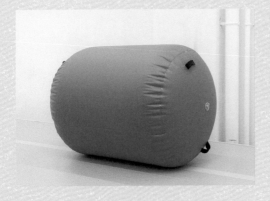

重心移動の練習や、体を反る練習をするときに役立つのがエアーロール。バク転に沿った動きができるので、ひとりで行うときにも役立ちます。ネットショップで手に入れることができ、大人は直径90cmくらいのものを選びましょう。バランスボールでも代用は可能ですが、思わぬ方向に転がってしまうので、注意してください。

服装

動きやすい
ラフな格好で

バク転は全身を大きく動かすので、スポーツウエアのような動きやすい格好で行ってください。腕時計やアクセサリーはケガの原因にもなるので、はずしておくほうが安心。床がすべりやすい場合は、素足で行いましょう。

バク転を知る④

練習をするうえで
注意すること

バク転は一歩間違えると大きなケガにつながります。
そのためには、必ず守ってもらいたいことがあります。
ここでは押さえておくべき4つの注意事項をご紹介します。

バク転をしても安全な場所で行う

後ろに向かって跳ぶので、その分
スペースが必要です。身長177㎝
の僕だと、約2ｍほど移動します。
また、天井の高さも気にしてくだ
さい。立った状態から腕を伸ばし
てジャンプして、天井に手が着か
なければ大丈夫です。

しっかり準備体操をする

急に練習を始めるのはケガのもと
です。まずは体を慣らすために、
時間をかけてていねいに準備体操
を行いましょう。僕も練習前には
20〜30分くらい時間をかけてい
ます。詳しい方法はP.22〜をご
覧ください。

最初は
補助者をつける

練習がひと通りクリアできれば、いざ本番。でも、まずは補助者に手伝ってもらってください。恐怖心によって体が固くなったり、想像とは違う動きになったりするのはよくあることです。また、ふだんの練習から補助者に手伝ってもらうと安心して取り組めるので、上達も早まりやすいです。

腕の力は
最後まで
抜かない！

跳んだあとに床に手を着く際、肘が曲がると頭を打ちつけてしまいます。ジャンプに気がとられてしまい、空中でつい力が緩んでしまう方がよくいらっしゃいます。必ず最後まで腕の力を抜かないようにしましょう。

練習を始める前のウォーミングアップ

準備体操

練習を行う前にまずは体の筋肉を伸ばします。
負担がかかりやすい手首や足首を中心に
体を反るときに使う腰や背中の筋肉もしっかりとほぐしましょう。

手首を振る

10回

腕を軽く体の正面に出し、手の甲を正面に向けてスタンバイ。手を上下に振ります。

手首を回す

左右 5回 ずつ

左右の手を胸の前で組みます。8の字を描くように手首を回します。

腕の筋肉の伸びを感じよう

各
10秒
キープ

前腕の内・外側の
筋肉を伸ばす

手の指が体側に向くよう
に手を床に着け、膝も着き
ます。体重を少し手首にか
けながら腕の内側の筋肉
を伸ばします。次に、手の
甲を床に着け、腕の外側
の筋肉を伸ばします。

左右
10回
ずつ

足首を回す

脚を少し開いて立ち、片方
の足先を床に着け、足首
を回します。

首の前後の筋肉を伸ばす

目安は痛気持ちいいくらい

各10秒キープ

手を後頭部に当てます。ゆっくりと頭を押し、首の付け根の筋肉を伸ばします。次に、顔を上げて、首の前側の筋肉を伸ばします。

首を回す

左右5回ずつ

首をぐるりと回します。大きく回して伸びを感じられたらOKです。

肩を回す

5回

肩甲骨をしっかり寄せる

腕を上げます。腕を外に広げながら下ろします。胸を張り、肩甲骨を引き寄せながら、腕を大きく回してください。

FOR BEGINNER 1

指先を肩に着けると
回しやすくなります

腕が上がりにくい方は、指
先を肩に着けた状態で肘
を大きく回して、肩の筋肉
をほぐしましょう。

FOR BEGINNER 2

タオルを使うと
可動域を広げられます

おなかの前でタオルの両
端をつかみ、タオルを引っ
張るようにして立ちます。腕
を伸ばしたまま、おなかから
頭、背中へと動かします。

(**5**回)

膝の屈伸

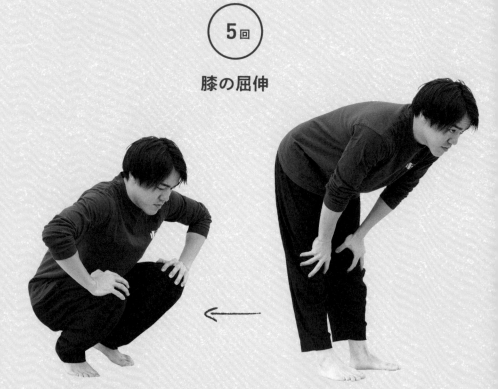

膝に手を当てて、前かがみの姿勢になります。おしりを下ろしながら膝を曲げます。

10秒キープ

股割り

足先が外側に向くように
脚を大きく開きます。太もも
が床と平行になるまで腰を
落とし、股関節の筋肉を伸
ばします。

10秒キープ

脚の後ろ側の
筋肉を伸ばす

脚を伸ばして座ります。手
で足首をつかみ、上体を脚
に近づけながらゆっくりと
腰を曲げます。

腰を伸ばす

うつ伏せになります。手を床に着けて床を押しながら、上体を起こします。このとき、太ももが床から離れないように。

1セット 3回

正座の姿勢から、腕を伸ばして上体を倒します。頭を下げ、上体を丸めて背中の筋肉を伸ばします。

POINT

準備体操は時間をかけて入念に行う

CHAPTER 01

ジャンプ&
体を反る

バク転でいちばんの難関とされるのが後ろへ跳ぶこと。
スポーツ経験のある方やふだん体を動かしている方でも
ほとんど味わったことがない感覚だと思いますので
最初は怖いはずです。
そこで、ジャンプや体を反る練習をしながら
後ろへ跳ぶ感覚に慣れていきましょう。

You Can Do It!

全身を使って跳ぶ

ジャンプの基本

ここで大切なのは、上体と脚を連動させて跳ぶことです。
また、腕を大きく振り上げることも重要ポイント。
この2つはバク転に欠かせない回転を生む力になります。

腕をまっすぐにしたまま、床
と平行になる高さまで上げ
ます。手の甲は上向きにな
るように。

リラックスした状態で、直
立の姿勢をとります。

動画はこちらから

腕はまっすぐ上に

床から25cm以上
跳ぶことを目指して

腕を振り上げながらジャンプします。空中で止まるイメージで、体をぐっと固められるとバク転の動きに生きてきます。

腕を大きく振り下ろしながら膝を曲げ、おしりを斜め後ろに軽く落とします。

POINT

腕を大きく振ることもしっかり意識して!

You Can Do It!

本番に近い動き
踏み込み

本番では上ではなく、後ろにジャンプします。そのため、日常生活で
使わないような体の動きが求められます。エアーロールを使って
後ろへ跳ぶための感覚を鍛えましょう。

**エアーロールに
体重をかける**

脚を伸ばし切る

エアーロールを体の後ろに
置き、腰を着けてもたれか
かります。エアーロールが
転がらないよう、手でぐっと
押さえます。

床をつま先ではじくようにし
て軽くジャンプ。おしりから
背中がエアーロールに乗
りかかる状態が◎。

**床から少し浮く
程度でOK**

動画はこちらから

─── ZOOM UP ───

ジャンプ時の足先の動きをご紹介します。
最初は足の裏全体が床に着いた状態。

力が抜けてしまう

かかとで踏み切ると、脚の力が抜けて勢いが失速します。

しっかり踏み込める

足裏全体で床を蹴り、最後は指先で床を押し込むのが正解。

POINT

つま先で床をはじくイメージ

You Can Do It!

反り身の基礎練習
チェア アップダウン

P.30〜でお伝えした通り、ジャンプは脚だけでなく
腕の振りも大切です。ここでは、バク転のジャンプに必要な
腕の振りと腰を上げるタイミングの練習を行います。

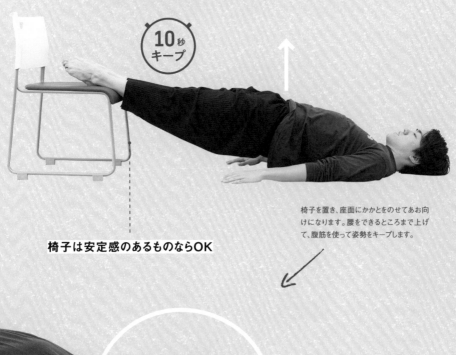

10秒 キープ

椅子を置き、座面にかかとをのせてあお向
けになります。腰をできるところまで上げ
て、腹筋を使って姿勢をキープします。

椅子は安定感のあるものならOK

動画はこちらから

POINT

足先が見えないくらいまで体を反る

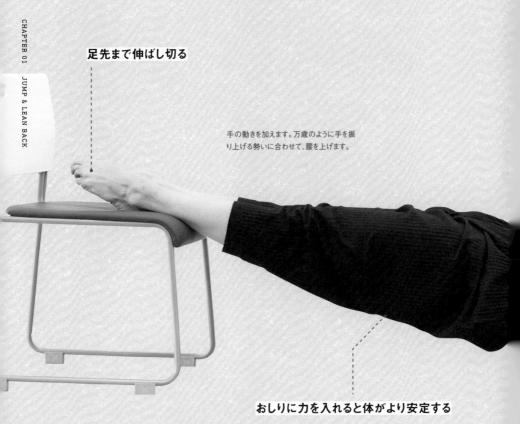

足先まで伸ばし切る

手の動きを加えます。万歳のように手を振り上げる勢いに合わせて、腰を上げます。

おしりに力を入れると体がより安定する

You Can Do It!

体をしっかり反る
壁ブリッジ

バク転を成功させるための大切なポイントは体を反ることです。
ブリッジができるぐらい柔軟性が高いと有利ですが
体が固くても壁ブリッジができるようになれば充分です！

腕の長さの距離

上体を壁方向に反りながら、片手を壁に着けます。顔も反らせ、視線は壁に着けた手に向けます。

壁を背にした向きで立ちます。壁との距離の目安は腕の長さ分。

動画はこちらから

できる人は
壁を押して戻る練習を

壁を手で押して最初の姿勢に戻ります。本番での、床を手で押す動きの練習に。

10秒キープ

**きつくても
脚の位置はキープ**

指先を床に向けるようにして手の平を壁に着けます。腰と胸をしっかり反ります。

上体を壁のほうへ倒しながら、もう片方の手を壁に着けます。倒れないように下半身にしっかりと力を入れてキープ！

POINT
倒れないように下半身をぐっと固める

You Can Do It!

恐怖心克服の第一歩
Fall backward! ①

バク転の一番の難関が後ろに向かってジャンプすること。
そのため、恐怖心を取り除く練習も欠かせません。
まずは、後ろに軽く倒れることから始めてみましょう。

スタンディングバージョン

直立のまま、マットに向かっ
て倒れ、肩まわりを着けて
止まります。

最後まで力を抜かない

壁にマットを立てかけ、マッ
トを背にして立ちます。マッ
トの距離は腕の長さ分。

CHAPTER 01　JUMP & LEAN BACK

腕の振りありバージョン

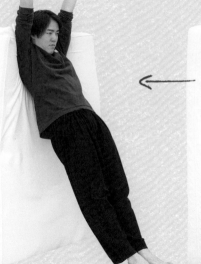

腕を大きく振り上げると同
時に腰を上げながら、マット
に倒れます。

直立の状態から腕を下げ
膝を曲げておしりを落とし、
ジャンプ前の姿勢に。

体をまっすぐにしたまま倒れる

思い切りが大切!
Fall backward! ②

次は床に敷いたマットに倒れる練習です。
最後はあお向けの状態になるため、より実践に近い感覚を得られます。
本番ではスピードが必要なので、慣れてきた方は速く倒れることを意識して。

座った姿勢バージョン

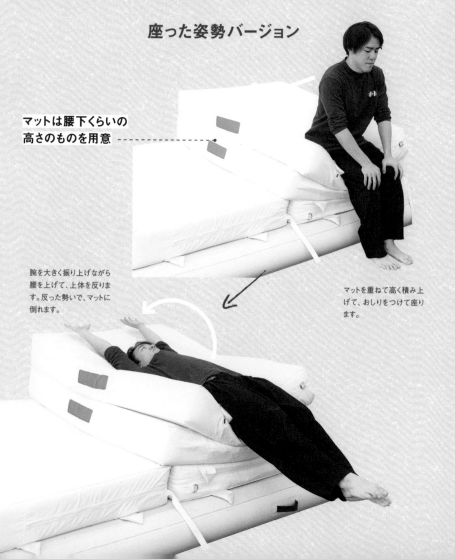

マットは腰下くらいの
高さのものを用意

腕を大きく振り上げながら
腰を上げて、上体を反りま
す。反った勢いで、マットに
倒れます。

マットを重ねて高く積み上
げて、おしりをつけて座り
ます。

動画はこちらから

スタンディングバージョン

**できる人は
ジャンプも加えてみる**

マットを背にして、足の長さ分の間隔を空け、直立の状態からスタート。

腕を大きく振り上げながら腰を上げ、体を反らせたままマットに倒れます。頭からではなく、腕や背中から着地してください。

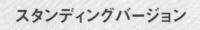

POINT

慣れてきたら速く倒れよう

41

You Can Do It!

コツを覚えれば誰でもできる

補助のための
トレーニング

バク転の練習に補助者がいると、実践に近い動きができて
達成までのスピードが速まります。ジャンプの姿勢の練習をもとに
ここでは補助者に必要な基本テクニックをご紹介します。

補助者は演技者の少し後ろに立ちます。
脚を大きく開き、腕をまっすぐ伸ばして演技
者の背中の上部に手を当てます。

演技者は腕を振り上げながら後ろへ倒れ
ます。補助者は背中に手を当てたまま、倒
れてくる体を腕を曲げて受け止めます。

動画はこちらから

—————— 補助者の姿勢 ——————

腕だけでなく
胸も使って支える

脚をしっかり開く

補助者は胸も使って受け止めると、支えや
すくなります。また、脚を大きく開くことでバ
ランスを崩しにくくなります。

POINT

まずは信頼関係が大切!

You Can Do It!

体重移動を覚える
重心のかけ方

正しいジャンプをするためには重心の位置がポイントとなります。
腕を振り下ろし、腰を落とすとき、空気椅子のような姿勢が理想。
エアーロールを使って重心の位置を確認しましょう。

動画はこちらから

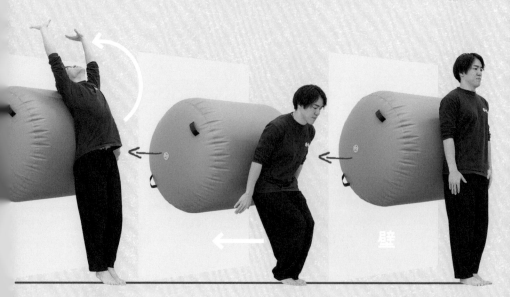

壁

腕を振り上げながら腰を上げ、体を反ります。体重がエアーロールにしっかりとかかるように。

床と平行の高さになるよう腕を上げ、振り下ろすと同時に膝を曲げ、おしりを斜め後ろに落とします。

壁と背中の間にエアーロールを挟んで立ちます。エアーロールが落ちないくらいの体重をかけて。

POINT

背中側に体重をかけよう

PUT YOUR HANDS ON THE FLOOR & FINISH

CHAPTER 02

手を着く&
フィニッシュ

後ろにジャンプして体を反ることができれば
バク転の成功にかなり近づきます。
次にポイントとなるのが手を着くこと。
腕で体を支えるため、ある程度の筋力が必要です。
そこで、倒立もマスターしましょう。

You Can Do It!

逆さになったときの感覚を覚える
手を着く

床に手を着くと、体重が手にかかります。ただ、遠心力も働いているので
想像ほど重たい感じはしないですが、はじめての感覚だと思うので
まずはこちらの練習で慣れましょう。

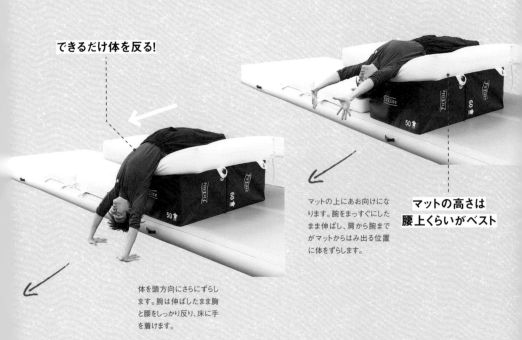

できるだけ体を反る!

マットの上にあお向けになります。腕をまっすぐにしたまま伸ばし、肩から腕までがマットからはみ出る位置に体をずらします。

マットの高さは腰上くらいがベスト

体を頭方向にさらにずらします。腕は伸ばしたまま胸と腰をしっかり反り、床に手を着けます。

エアーロールを使えばより本番に近い感覚を得られる

エアーロールの上であお向けになります。補助者に動かしてもらい、床に手を着きます。

動画はこちらから

POINT

はじめは手を着けるだけでよし！
慣れたら体を返す

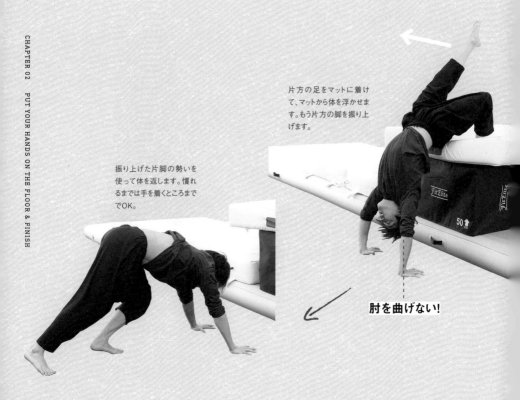

片方の足をマットに着けて、マットから体を浮かせます。もう片方の脚を振り上げます。

振り上げた片脚の勢いを使って体を返します。慣れるまでは手を着くところまででOK。

肘を曲げない！

美しいフィニッシュへ

倒立から〝あふり〟

手を着いてから最後までの動きを一気に行います。ポイントは〝あふり〟。
倒立の状態から体をしならせ、脚を返して上体を起こす動きのことで
これをマスターできると美しさが加わります。

腕を上げたまま上体を下げ、床に手を着きます。このとき、片方の脚を大きく振り上げます。

壁に向かって立ち、腕を上げます。

POINT

あふりのコツは、手で床を押す+腹筋

**床を押し返して
跳ぶイメージ**

**腹筋にも力を入れ
キープ!**

スタートポジションに戻りま
す。このとき、腹筋を使って
勢いよく脚を返しながら、床
を手で押して上体を浮か
せるようにします。

振り上げた脚の勢いを生
かして、もう片方の脚も床
を蹴って振り上げ、足裏を
壁に着けます。

倒立をマスターしよう
プランク

腕で体を支えるために少しの筋力が必要です。
その練習にぴったりなのが倒立。まずはプランクという
体幹を鍛える基礎トレーニングからスタートしましょう。

足はそろえる

これが正しい倒立

棒のように体をまっすぐにします。肩入れ（肩に体を乗せたような姿勢）を行うことで、直線に近い美しい姿勢になります。スマートフォンと三脚を使って、姿勢を確認してください。

手首、肩、腰が
一直線上にある

目線は床

肘は曲げない

基本プランクの姿勢から
片脚を高く上げます。脚と
上体がまっすぐになるよう
にします。

床にうつ伏せになり、腕を
伸ばして体を浮かせます。
腹筋や肩の筋肉に力が入
るよう意識して。

LEVEL
3
台乗せプランク

高さのある台を用意。足先を乗せ、上体が床と垂直になる位置まで、体を台に近づけます。

POINT

それぞれ10秒キープを目標に

COLUMN

倒立をマスターしよう
壁倒立

プランクができるようになったら倒立にチャレンジ。
まずは10秒キープを目標に行いましょう。手首に負担がかかりやすいので
無理をせず、痛みを感じたらやめ、痛みがとれてから再開してください。

プランクの姿勢から
スタート

壁

片脚を高く上げて壁に足
先を着けます。肘は最後ま
で曲げないように。

壁にかかとを着け、基本プ
ランクの姿勢をとります。

背中から
倒れそうになったとき
の対処法

バランスを崩して倒れそうになったら、肩から背中へと床に着く受け身をとります。

10秒
キープ

体が床に対して垂直に近い状態になるまで近づいたらOK。腹筋に力を入れて姿勢をキープ。

壁に体を近づけます。片手ずつ交互に動かして少しずつ寄せます。

もう片方の脚も上げて壁に着けます。肩入れもしっかり意識して。

POINT

壁との距離を少しずつ短くしていく

COLUMN

倒立をマスターしよう
補助あり倒立

壁倒立ができるようになったら、補助者に協力をしてもらい
倒立に挑戦してみましょう。自分だけでは気づかない体のゆがみやクセを
チェックするいい機会にもなりますよ。

10秒キープ

基本プランクの姿勢をとります。補助者は
演技者の横に立ち、太ももと足首を手で抱
えて体を起こします。

演技者の体が床と垂直になる位置まで起
こします。

補助者は
演技者の後ろ側に立たない!

演技者がバランスを崩したとき、脚
で顔を蹴られてしまうことがあるの
で、後ろ側には立たないように。

POINT

補助者にまっすぐな位置を見てもらおう

CHAPTER **03**

バク転成功への
ラストステップ

ここまできたら、いよいよ本番です!
でも、いざとなると恐怖心がわいてくるもの。
ジャンプのリズムを身に付けたり
補助者に手伝ってもらったり
最後に必要な練習を教えます。

気持ちの迷いをなくすためにも!
1・2・3のリズム

バク転には一定のリズムがあります。それに合わせることで
動きがスムーズになります。また、リズムに気持ちを集中させれば
恐怖心という雑念を振り払うことにもつながります。

\ サン! /

\ ニー /

\ イチ /

腕を大きく振り上げながら、その勢いを使ってジャンプ。これらを一定のリズムで行います。

大きく腕を振り下ろし、膝を曲げておしりを斜め後ろへと落とします。

直立の姿勢から、床と平行になる位置まで腕を上げます。

POINT

少しずつリズムをとるテンポを速くする

意外と見落としがち

正しい手の幅

バク転では床に手を着く時間は一瞬です。ただ、そのあとのあふりに
つなげるために、力が抜けないようにすることが重要です。
最大限の力を発揮するための、ベストな手の幅をご紹介します。

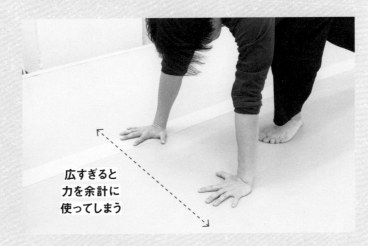

**広すぎると
力を余計に
使ってしまう**

肩より少し広めくらいの幅
がいちばん力が入る位置
です。手は前に向け、肘が
体の外側に向いて曲がる
のが正解です。

腕が開くと危険!

手が外側に向くと肘が体側に
向きやすくなります。床に手を
着いた時の勢いで逆方向に
肘が曲がり、痛めてしまう可能
性もあります。

POINT

自分なりのベストな幅を見つけよう!

You Can Do It!

いよいよ大詰め!
補助ありバク転

最後は補助者に手伝ってもらってバク転を行います。
演技者はこれまでやってきたことを思い出し、思い切りバク転をするだけ。
補助者はその動きに問題がないか、最終チェックをしてあげてください。

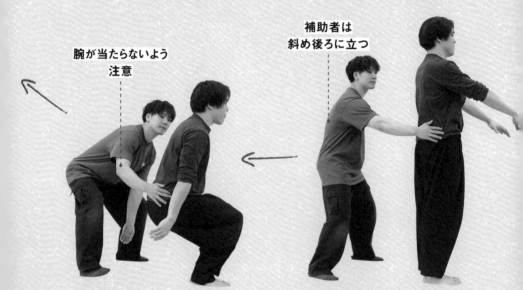

腕が当たらないよう注意

補助者は斜め後ろに立つ

演技者は腕を振り下ろし、空気椅子の姿勢になります。補助者は立ち位置を変えず、腕を演技者の腰に近づけます。

演技者はジャンプの姿勢に入ります。補助者は少し離れた斜め後ろに立ち、中腰の姿勢になります。

手ではなく
腕で支える

手で体を支えようとすると重みに耐えきれなくなるので、必ず腕で支えましょう。

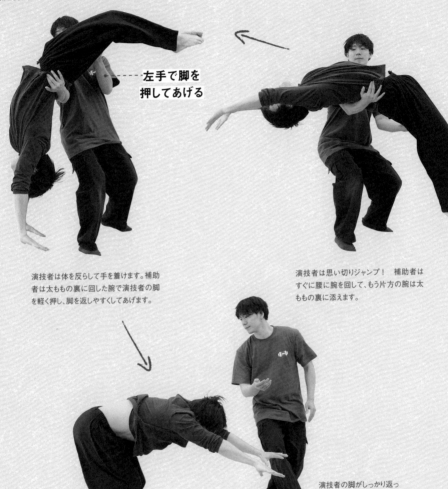

左手で脚を
押してあげる

演技者は体を反らして手を着けます。補助者は太ももの裏に回した腕で演技者の脚を軽く押し、脚を返しやすくしてあげます。

演技者は思い切りジャンプ！　補助者はすぐに腰に腕を回して、もう片方の腕は太ももの裏に添えます。

演技者の脚がしっかり返ったら、補助者は素早く腕を抜きます。

POINT

補助のイメージは"お姫様抱っこ"

You Can Do It!

すべてクリアしたら、いざバク転へ!

本番前チェック

補助ありバク転で支えがほとんどいらなくなったら、本番です。
その前に、以下の項目にすべてチェックが入れられるか
これまでのことを振り返りながら確認してください。

☑ 安全にバク転できる環境が整っている

☑ 25㎝以上の垂直ジャンプができる

☑ 後ろへジャンプできる

☑ 壁倒立が10秒以上できる

☑ 体を反らして壁タッチがしっかりできる

Let's try a back handspring!

あとは
絶対できる！
と信じることが
大切です

身近なもので代用できる！
自宅での練習方法

「運動用のマットを買っても置き場がない」
「手を着く練習をしたいけれど高さを出すものがない」。
そんな方のために、自宅にあるものを使った練習方法をご紹介します。

①
反り身

壁＋マット

足で壁を蹴り上げます。その勢いに合わせて腰を高く上げます。
腕や肩はマットに着けたままでOK。

反り身の練習です。寝具用のマットを壁に着けて敷きます。その上に
あお向けになり、膝を直角に曲げて足を壁に着け、腕を伸ばします。

踏み込み

腕を振り上げながら足でマットを蹴り、頭方向にすべります。

床を踏み込むための練習です。壁にマットを立てかけます。
あお向けになり、膝を直角に曲げて壁に足を着けます。

ヨ

倒立

10秒キープ

床にマットを敷き、壁に着けます。壁に近い位置に手を着けて壁倒立をします。手を着く場所がマットのような柔らかいものだと、バランスをとるために余計に力を使います。やりにくい方はマットを壁から少し離して、床に手を着けて行ってください。

FOR BEGINNER

マットをずらして
床に手を着くとやりやすい

身近なもので代用できる!

自宅での練習方法

1

背面ジャンプ

テーブル＋マット

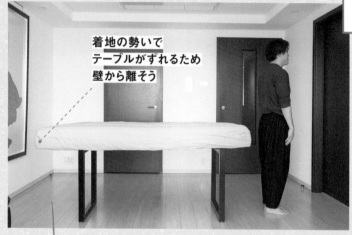

着地の勢いで
テーブルがずれるため
壁から離そう

テーブルを背にして立ちます。テーブルの角で腰を打たないよう注意して。

腕を上げた状態から振り下ろし、膝を曲げておしりを後ろに落とします。

テーブルの天板にマットを乗せます。テーブルは鉄製のような強度の高いものがよいです。

腕を振り上げながら上体を後方に倒し、腰を上げて、テーブルに向けてジャンプ。

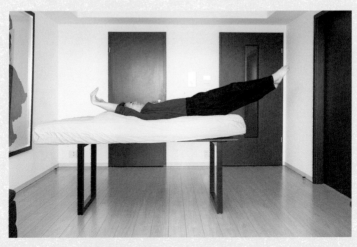

腕を振り上げたまま、肩や背中からマットに着地します。

身近なもので代用できる!

自宅での練習方法

手の着地からフィニッシュまで

マットの上にあお向けになります。肩から腕がマットからはみ出る位置まで動きます。

**手はテーブルに
近い位置に着ける**

少しずつ体を頭方向にずらして、手を床のマットに着けます。

ソファ＋クッション

体を反らして手を着く

ソファの上に厚みのあるクッションを置くと
高さを出しやすくなります。

片方の脚の膝を曲げてマットに足を着け、体を浮かし、倒立の姿勢に。

もう片方の脚を大きく振り、あふりを使って体を返せばOKです。

教えて、谷さん！

バク転の素朴な疑問

これまでバク転の練習を中心に詳しくご紹介してきましたが、いろいろな疑問があると思います。そこで、「バク転パーソナル教室」によく寄せられる質問にお答えます。

Q 何日くらいでできるようになりますか?

早ければ 1日でできる人もいます。

運動経験がある方だと、1日でできることもあります。40代の方だと1カ月くらいが目安ですが、ふだん運動をしていないなら2カ月は必要です。最初の1カ月は基礎体力をつくるための期間として簡単な筋トレを行い、残りの1カ月でバク転の練習をします。なかには半年練習してもできない方もいますが、柔軟性が高まったり、筋力がついたりするスピードは人それぞれなので、気にしすぎないでください。確実に練習をこなすことを心がけましょう。

体重が気になりますが
大丈夫ですか?

体重が重いほど
ケガのリスクが上がります。

体重が重いからといって、バク転ができないわけではありません。
100kg以上でもできる方はいます。ただ、やせている方にくらべ
て関節にかかる負担が大きいので、ケガをするリスクは高まりま
す。体重のみで一概には言い切れませんが、気になる方は手首や
足首にサポーターをつけたり、補助者を2人に増やしたりして、
ケガしないことを優先に行ってください。不安な方は「バク転パー
ソナル教室」へご相談ください。

筋トレは必要ですか?

基礎体力があれば筋トレは不要。

ジャンプをする、肘を曲げないなど、いろいろなシーンで筋力を
使います。けれど、ハードなトレーニングをして筋肉をがっつり
つける必要はなく、基礎体力があれば充分です。その判断基準と
して、前転をして手を使わずに立ち上がれるかでチェックします。
できる方はバク転に必要な筋力があり、基礎体力があると言えま
す。基礎体力をつけるための練習方法を詳しく知りたい方は、右
記のQRコードからアクセスしてください。

練習は毎日したほうがいいですか？

1週間に1回でもOKです。

本書でご紹介した練習は毎日しなくてもかまいません。理想は3日に1回くらいのペースですが、ふだん運動をしていない方は筋肉痛が残りやすいでしょうし、特に手を着く練習では手首に痛みを感じやすいと思います。その場合は痛みが完全になくなってから再開するようにしましょう。また、本書でご紹介したすべての練習を毎回こなす必要もありません。できないところを重点的に練習するのでも大丈夫ですよ。

バク転以外の大技もご紹介

3大カッコいい技

ここではバク転に並ぶカッコいい大技を3つご紹介します。
それぞれにコツが必要で、バク転より難しい技もありますが
体の使い方を知るだけでもおもしろいと思います。

右脚を振り上げる

上体に体重を乗せてさらに倒します。右脚を大きく振り上げながら、左手を床に着けます。

左脚（利き脚と反対の脚）を大きく前に出し、腕を伸ばしたまま上体を前に倒していきます。

スタートポジションは直立の姿勢から腕を上げた状態です。

手の着き方

左手
左手は
進行方向に対して
左向きに

右手
右手は
進行方向と
真逆に

手を着くとき、左右の手がT字になるように着くのがコツです。

バク転やバク宙の繋ぎ技として使われるロンダート。ベースは側転ですが、倒立やあふりの要素もあり、バク転の動きにも近い技です。体のひねりと手の着き方にも注目してください。

ロンダート

バク転とつなげるとカッコいい！

（側方倒立回転跳び 1/4 ひねり後ろ向き）

手で床を押し込む

床に足を着け、体を起こします。スタートの向きから180度回った状態でフィニッシュです。

脚を返し、手で床を押し込んで上体を起こします。空中で、さらに体を反時計回りに回転させます。

床を蹴るようにして左脚を大きく振り上げ、左手を軸に体の向きを反時計回りに90度回転させながら、右手を着きます。

POINT

あふりを生かせると美しい

COLUMN

後方に回転するバク転に対して、前方に回転するのがハンドスプリング。向きの違いだけのように見えても、体の使い方は大きく変わります。手を床に着いてから体を返すまでが難関ポイント。

体をしっかり反る

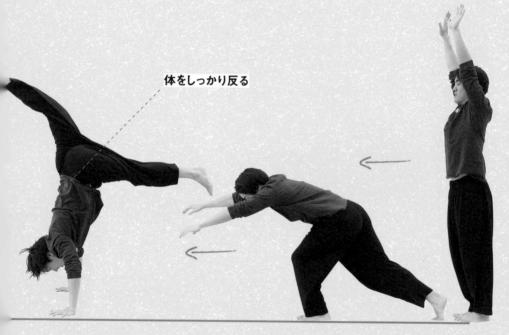

床に両手を着けると同時に右脚を大きく振り上げて、左脚で床を踏み切り、脚を返します。

左脚（利き脚と反対の脚）を前方に大きく出しながら、腕を上げたまま上体を倒します。

直立の姿勢から手の平が進行方向に向くように腕をまっすぐ上げます。

ハンドスプリング

（前方倒立回転跳び）

上体をさらに起こしながら左脚を床に着けてフィニッシュ！

体を反らして右脚を床に着け、回転の勢いを生かして上体を起こします。

POINT

脚の遠心力を使って勢いよく回転する

**腹筋を使って
脚を畳み込む**

瞬発力が求められるバク宙は筋力がある
ほうが有利。バク転とは違って、上に跳
びながら体を丸めて回転します。おしり
を高く上げることがコツで、腹筋をしっ
かり使って脚を持ち上げます。

**思いっ切り
上に跳ぶ**

おしりを高く上げながら、上
体をさらに倒します。体育
座りのように膝を曲げて手
で抱えるような姿勢をつく
るのが回転を生むコツ。

腕を振り上げながら、上へ
思い切りジャンプ！ この
とき上体は後ろに倒しにい
きます。

腕を背中側に大きく振り下
ろしながら、膝を曲げて腰
を落とし、前かがみの姿勢
になります。

腕を床と平行になる高さま
で上げます。

バク宙

（後方宙返り）

バク転と並ぶ憧れの大技

足を床に着いてフィニッシュ。着地位置はスタートと同じ場所です。

逆さの位置から体がさらに回転しはじめたら、脚を伸ばして着地の姿勢に。

回転の勢いに身を任せてさらに回り、逆さの状態になります。

POINT

おしりを高く上げるイメージ

おわりに

ご覧になっていかがでしたか?

本書では教室で教えている以上に細かく練習方法を紹介しています。僕自身も書籍としてまとめるにあたり、改めてバク転を見直し、言語化することでいろいろな気づきを得られました。おそらく、体操選手が見ても「なるほど!」と思う要素が多いはずです。また、必要な道具はネットショップで手に入るので、自宅で練習できるのもこの本のよさだと思います。

でも、「すべてひと通りできるようになって、理屈も分かったけど、やっぱりできない……」という方もいると思います。形はキレイでも、恐怖心によって無意識のうちに力が抜けていたり、重心の位置が違っていたり、見た目では分からない部分に修正が必要というケースが考えられます。または基礎体力が足りていないのかもしれません。そんなときはぜひ「バク転パーソナル教室」に来てください。本書で基本をマスターできているので、すぐにバク転ができるようになるはずです。

何かに挑戦したいけれど挑戦できるものが見つからない、という大人の方はたくさんいると思います。そんな方にこそバク転はおすすめです。自宅ですぐに始められるし、達成できたときの満足感はこのうえないものです。この本がそんな方々の背中を押すきっかけになれればうれしいです。

PROFILE

バク転パーソナル教室
代表 **谷 俊太朗**

1992年、愛知県生まれ。小学3年生のときに体操クラブに通いはじめる。新体操の名門・青森山田高校に入学し、全国高等学校総合体育大会と全国高等学校新体操選抜大会でともに優勝。青森大学に入学し、7つの全国大会で優勝を経験。中学校・高等学校教諭一種免許状（保健体育）も取得。卒業後、青森山田高校でコーチとなり、指導歴1年でチームを日本一に導く。パーソナルジムの開業を経て、「バク転パーソナル教室」をオープン。

40代からでも遅くない！
バク転ができるようになるメソッド

著者	谷 俊太朗	撮影	松村隆史
編集人	伊藤亜希子	イラスト	Shu-Thang Grafix
発行人	倉次辰男	デザイン	柴田ユウスケ(soda design)
発行所	株式会社主婦と生活社	校正	福島啓子
	〒104-8357 東京都中央区京橋3-5-7	編集	大西逸平

STAFF

発行所 株式会社主婦と生活社
〒104-8357 東京都中央区京橋3-5-7
編集部 03-3563-5191
販売部 03-3563-5121
生産部 03-3563-5125
https://www.shufu.co.jp/

製版所 東京カラーフォト・プロセス株式会社
印刷所 大日本印刷株式会社
製本所 株式会社若林製本工場

ISBN 978-4-391-16166-3

充分に気をつけながら造本しておりますが、万一、乱丁、落丁がありました場合はお買い上げになった書店か小社生産部へお申し出ください。お取り替えさせていただきます。

®本書を無断で複写複製(電子化を含む)することは、著作権法上の例外を除き、禁じられています。

本書をコピーされる場合は、事前に日本複製権センター(JRRC)の許諾を受けてください。また、本書を代行業者等の第三者に依頼してスキャンやデジタル化をすることはたとえ個人や家庭内の利用であっても一切認められておりません。
JRRC (https://jrrc.or.jp/ eメール:jrrc_info@jrrc.or.jp TEL:03-6809-1281)

©Shuntaro Tani 2024 Printed in Japan